Cet ouvrage a été réalisé à l'initiative et avec
le concours du Département de la Seine-Saint-Denis.

Seine-Saint-Denis
LE DÉPARTEMENT

Conception graphique : Samantha Rémy

 • Dépôt légal : mai 2011
ISBN : 978-2-02-104447-8 • N°104447-1

Loi 49-956 du 16 juillet 1949 sur les publications
destinées à la jeunesse
Imprimé en Belgique

www.editionsduseuil.fr

Anne Brouillard

Berceuse du Merle

Seuil jeunesse

Dors, dors, bébé,
Maman fredonne à côté.

Dors, bébé, dors,
Le merle chante dehors.

Le vent joue dans le soleil,
Le merle veille sur ton sommeil.

Lumière vibrante dans le feuillage,

Un ballon claque sur le dallage.

Entre les murs des voix résonnent,

Et tout autour la ville bourdonne.

Dors encore un peu bébé,

Le merle chante à voix flûtée,

Par-dessus les murs,
par-dessus les toits,

Tout près de toi,

Bébé
réveillé.